STATION DE DU

HAVRE

APPENDICE

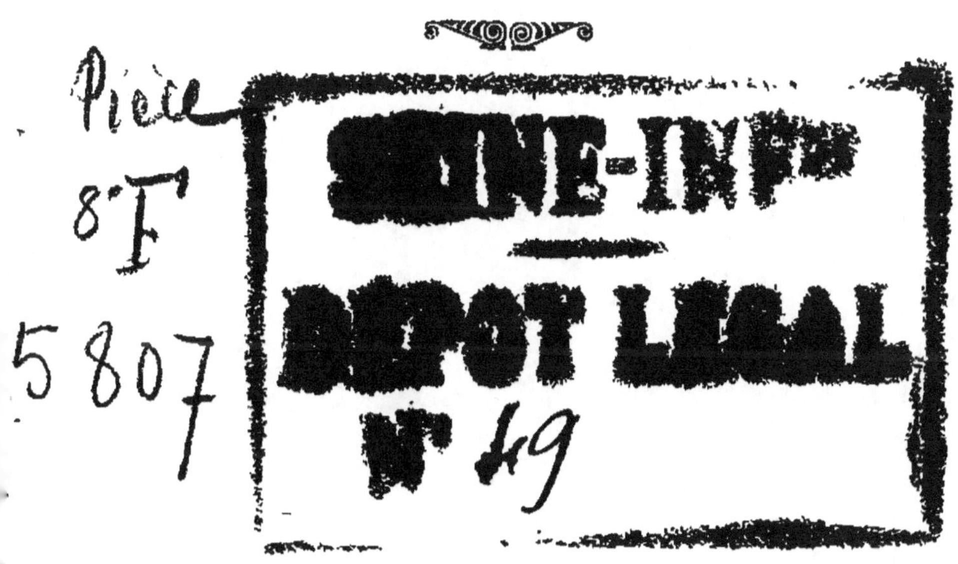

Décret du 10 Décembre 1921

(Journal Officiel du 22 Décembre 1921).

Décret du 20 Février 1922

(Journal Officiel du 26 Février 1922).

Erratum au Décret du 20 Février

Paru au *Journal Officiel* du 7 Mars 1922,
page n° 2647.

ARTICLE 1er.

(Décret du 10 Décembre 1921.)

Les dispositions ci-après remplacent celles qui sont contenues dans les articles correspondants du décret du 29 Août 1854, et des divers décrets modificatifs concernant les stations de Pilotage comprises dans les directions de l'Inscription maritime de Dunkerque et du Havre.

DISPOSITION GÉNÉRALE

ARTICLE 19.

(Décret du 10 Décembre 1921.)

Lorsqu'un Pilote a conduit un bâtiment français ou étranger d'un port à un autre, il a droit, indépendamment de ses frais de Pilotage, à la conduite du retour, à raison de cinq francs par myriamètre.

Dispositions communes aux stations du Havre et de Honfleur.

ARTICLE 219.

(Décret du 20 Février 1922.)

Les navires français, soit de l'Etat, soit du commerce, et les étrangers assimilés aux français, qui entrent au Havre ou à Honfleur, payent les frais de pilotage à proportion de leur tonnage légal, constaté par le certificat de jauge ou, à défaut, par le passeport.

Ceux de ces navires qui entrent à Honfleur, payent, en outre, les frais de pilotage en raison des distances parcourues.

ARTICLE 224.

(Décret du 10 Décembre 1921.)

§ 1er. Tout Capitaine de navire qui cesse d'avoir besoin d'un Pilote doit payer les frais de débarquement.

§ 2. Le Pilote de Honfleur, débarqué en rade du Havre, a droit pour ses frais de retour à Honfleur à une indemnité de 50 francs.

§ 3. Pour la station du Havre, les frais de débarquement du Pilote, sont fixés à :

Jusqu'à 300 tonneaux...... F.	18	—
De 301 à 500 » ...... »	22	50
De 501 à 1000 » ...... »	37	50
De 1001 et au-dessus........ »	75	—

Ces frais sont dus même si le Pilote est congédié dans l'avant-port.

Lorsqu'un Capitaine veut emmener un Pilote au delà de la grande rade, il traite avec lui de gré à gré, sans que, néanmoins, ce dernier puisse exiger au-delà des prix que l'usage a consacrés.

Si, arrivé à la limite fixée par les conventions, ce Pilote, pour une raison quelconque, ne peut être congédié, il cesse ses fonctions de Pilote à dater de ce moment, est considéré à bord comme Officier, en remplit les fonctions, si le Capitaine l'exige, jouit, tout le temps de son séjour à bord, des appointements fixes de 25 francs par jour et a droit à sa conduite de retour.

Si le Pilote est emmené outre-mer, il est rapatrié dans le plus bref délai aux frais du bâtiment Il est admis à la table des Officiers et jouit des appointements de 25 francs par jour jusqu'au jour de sa mise à terre et a droit à la conduite de ce point jusqu'au point de départ.

Article 226.

(Décret du 10 Décembre 1921.)

Lorsqu'un navire devant entrer au Havre ou à Honfleur est retardé sur la rade, soit par la nuit, le défaut d'eau ou tout autre cause, il est payé 15 francs au Pilote du Havre et 12 fr. 50 au Pilote de Honfleur, par marée à dater de celle à

laquelle le bâtiment aurait pu entrer dans le port, la marée d'entrée non-comprise, que le navire se tienne en petite ou grande rade.

Si le navire n'entre pas et qu'il ne soit que de passage, il n'est dû au Pilote, outre les marées passées à bord, qu'un demi-pilotage, quand même le navire serait venu en petite rade à la voile ou y aurait mouillé par une cause indépendante de la volonté du Capitaine ou des Pilotes.

Mais si le Capitaine d'un navire qui n'entre pas au port désire prendre mouillage sur la petite rade, il paie un demi-pilotage, plus les marées et un pilotage de sortie, comme s'il était entré au port. Dans ce cas, le Pilote est tenu de faire connaître cette augmentation de frais.

Il est entendu que dans ces différents cas, les augmentations seront payées s'il y a lieu.

Les Capitaines qui, après être sortis du port, séjournent en rade et veulent garder le Pilote, lui payent 15 francs, si celui-ci est du Havre ou 12 fr. 50, s'il est de Honfleur, par marée, soit de jour, soit de nuit, à compter de la marée qui suivra celle de la sortie.

ARTICLE 227.

(Décret du 10 Décembre 1921.)

Lorsqu'un bâtiment, après avoir été abordé par un Pilote, est forcé de relâ-

cher dans un port quelconque ou de se rendre dans une rade désignée pour y faire quarantaine, il est payé 15 francs au Pilote du Havre, ou 12 fr. 50 au Pilote de Honfleur, par marée, pendant tout le temps de la rélâche, marées d'arrivée et de départ non comprises.

Si le Capitaine en relâche préfère congédier son Pilote, il lui paie la moitié du pilotage qui eût été acquis si le bâtiment avait été conduit à sa destination, plus les marées de retard depuis le moment où le Pilote est monté à bord jusqu'au moment du congédiement et la conduite du retour.

ARTICLE 228.

(Décret du 20 Février 1922.)

Les salaires pour pilotage, tels qu'ils sont fixés par le présent règlement, sont répartis de la manière suivante :

1º En ce qui concerne Honfleur :

A l'Entrée :

6 % pour la Caisse d'Epargne ;
Une part pour le bateau, s'il est de 10 tonneaux et au-dessous ;
Une part et demie pour le bateau, s'il jauge plus de 10 tonneaux, jusqu'à 20, et ainsi de suite, en ajoutant une demi-part pour chaque 10 tonneaux d'augmentation ;

—

Deux parts pour le Pilote qui a conduit le navire ;

Une part pour chaque homme composant l'armement.

A la Sortie :

6 %/₀ pour la Caisse d'Epargne ;
Moitié du reste pour le Pilote ;
Et l'autre moitié partagée entre le bateau et les hommes composant l'armement dans les proportions ci-dessus établies.

2o En ce qui concerne Le Havre.

A l'Entrée comme à la Sortie :

5 %/₀ pour la Caisse d'Epargne ;
95 %/₀ pour le Pilote ;

Les salaires des équipages sont fixés sur la base des salaires de la Marine marchande, et débattus entre les Pilotes et les Matelots en présence de l'Administrateur de l'Inscription Maritime, Chef du Quartier ;

Ils sont payés mensuellement, au moyen d'une retenue faite sur l'ensemble des recettes du pilotage.

STATION DU HAVRE

Salaires des Pilotes.

ARTICLE 241.

(Décret du 20 Février 1922.)

Le pilotage de la Station du Havre commence à l'entrée et finit à la sortie aux abords immédiats de la bouée à sifflet.

La station doit posséder un nombre suffisant de bateaux à vapeur pour assurer le service dans de bonnes conditions ; ce nombre est actuellement fixé à deux.

A l'entrée, indépendamment de la nourriture, les salaires sont fixés comme suit, par tonneau de jauge ; mais ils ne sont dus que si le Pilote a communiqué avec le navire :

1° Voiliers :

Pris en grande rade, au principal.......................... F. 0 51
Pris en petite rade (1), moitié du principal........................ » 0 25

---

(1) On entend par petite rade du Havre, l'espace compris dans l'angle formé par les deux feux de la Hève, l'un par l'autre, et le château d'Orcher par les magasins du Hoc ; tout ce qui est extérieur est grande rade.

Pris en dedans des digues, un
tiers du principal............ F. 0 17
Sur lest, en relâche, en grande
rade, moitié du principal ... » 0 25
Pris en petite rade, moitié de
0 fr. 25........................ » 0 13
Pris en dedans des digues, un
tiers de 0 fr. 25............. » 0 08

2° Vapeurs et voiliers remorqués :

Pris en grande rade, au principal.......................... F. 0 25
Pris en petite rade, moitié du
principal..................... » 0 13
Pris en dedans des digues, un
tiers du principal........... » 0 08
En relâche, pris en grande rade,
moitié du principal .... » 0 13
En relâche, pris en petite rade,
moitié de 0 fr. 13........... » 0 06
En relâche, pris en dedans des
digues, un tiers de 0 fr. 13 .. » 0 04

3° Voiliers, vapeurs et chalands remorqués par un remorqueur étranger au
port :

Le remorqueur est tenu de prendre un
Pilote, indépendamment de celui pris par
le remorqué, et il est alloué au Pilote du
remorqueur un tiers du pilotage, en pre-
nant, pour base, le pilotage payé par le
navire ou chaland remorqué ;

4° Vapeurs escalant en grande rade,
sans prendre le pilote et sans entrer dans

le port, pour embarquer ou débarquer des passagers :

(Ce paragraphe est mis en vigueur par un erratum au décret du 20 Février 1922. L'erratum a paru au Journal Officiel *du 7 Mars 1922, page 2647.)*

Ils sont astreints à une taxe de 8 centimes par tonneau de jauge ;

5° Tarifs pour le quai d'Escale :

Le tarif du quai d'Escale est fixé à 10 centimes par tonneau de jauge. Ce tarif réduit n'est applicable que si la durée de l'escale ne dépasse pas six heures ouvrables et si le navire n'y fait que des opérations restreintes, débarquement de passagers, de sacs de lettres, de colis postaux, déchargement d'un maximum de 300 tonneaux de marchandises périssables destinées à la consommation, telles que fruits et légumes ; aucune opération de chargement, en dehors des passagers, sacs de lettres, colis postaux ;

6° Tarif spécial aux navires du cabotage national réservé naviguant avec un rôle du cabotage :

1° Voiliers :

Pris en grande rade, au principal.................................... F. 0 39
Pris en petite rade, moitié du principal.......................... » 0 20
Pris en dedans des digues, un tiers du principal............. » 0 13

Sur lest ou en relâche, en grande
rade, moitié du principal.... F. 0 20
Sur lest ou en relâche, pris en
petite rade.................... » 0 10
Sur lest ou en relâche, pris en
dedans des digues .... » 0 07

2º *Vapeurs et voiliers remorqués :*

Pris en grande rade, au principal........................ F. 0 20
Pris en petite rade, moitié du
principal.................... » 0 10
Pris en dedans des digues, un
tiers du principal............. » 0 07
En relâche, pris en grande rade,
moitié du principal .... » 0 10
En relâche, pris en petite rade. » 0 05
En relâche, pris en dedans des
digues....................... » 0 03

Les navires venant de la Méditerranée
ou les longs courriers touchant d'abord
à un port français de l'Océan ne bénéfi-
cient pas de cet avantage. Ils sont sou-
mis aux taxes générales ;

7º Si un Pilote est requis pour aller
prendre ou conduire un navire dans un
port français ou étranger, il reçoit un
supplément d'un demi-principal, indépendamment des indemnités de route et
des frais de pilotage proprement dits ;

8º Les bâtiments abordés en petite
rade qui, n'ayant pu entrer à la marée,
ont, sur la demande du Capitaine, re-

pris le large pour attendre la marée suivante, sont considérés à l'entrée comme ayant été abordés en grande rade et payent le pilotage en conséquence.

Toutes les allocations payées pour pilotage sont augmentées de 1,5 0/0 pour les émoluments de l'Officier-Chef du Pilotage.

Quelque minime que soit le tonnage des bâtiments qui réclament l'assistance des Pilotes, la taxe de pilotage n'est jamais calculée sur moins de cinquante tonneaux (1).

ARTICLE 242.

(Décret du 10 Décembre 1921.)

Pour la sortie, les droits de pilotage, sont, indépendamment de la nourriture, ainsi fixés :

Voiliers chargés en tout ou en partie............................ F.	0	20
Voiliers sur lest ou en relâche. »	0	13
Vapeurs chargés ou sur lest... »	0	10
Vapeurs en relâche... .... »	0	07
Voiliers remorqués .... »	0	10

---

(1) La franchise du pilotage est accordée à tous les navires à voiles ne jaugeant pas plus de 100 tonneaux et aux navires à vapeur dont le tonnage ne dépasse pas 150 tonneaux, lorsqu'ils font habituellement la navigation de port à port et qu'ils pratiquent l'embouchure des rivières. (Loi du 13 mai 1905.)

Le capitaine qui requiert le Pilote de le conduire en grande rade lui tient compte, en outre, d'une indemnité de 15 francs. Si le Capitaine requiert le Pilote de le conduire à Honfleur, et réciproquement, ces droits sont portés à :

Voilier chargé en tout ou en partie .... F.	0	26
Voilier sur lest ou en relâche.. »	0	20
Vapeur chargé ou sur lest .... »	0	13
Vapeur en relâche............. »	0	10

Le tout non compris le pilotage d'entrée ou de sortie de Honfleur.

Le Capitaine qui congédie son Pilote de sortie doit payer les mêmes allocations à celui qui serait réclamé de nouveau pour la sortie de la rade.

ARTICLE 244.

(Décret du 10 Décembre 1921.)

Les Pilotes ne peuvent exiger aucun salaire pour le passage du port dans l'un des bassins, ou de l'un des bassins dans le port, à la même marée d'entrée ou de sortie. Dans tous les autres cas, chaque marée passée en rade est payée 15 francs.

Quant aux mouvements dans un même bassin ou d'un bassin dans un autre, les Capitaines peuvent les effectuer sans

être astreints à prendre un Pilote, mais s'ils se font assister, ils doivent s'adresser exclusivement à un Pilote en activité de service.

Ces travaux sont rétribués de la façon suivante :

Jusqu'à 500 tonneaux......	F.	30	—
De 501 à 1500 »	»	37	—
De 1501 à 2500 »	»	45	—
De 2501 à 3500 »	»	53	—
De 3501 à 4500 »	»	60	—
De 4501 à 5500 »	»	67	—
De 5501 à 6500 » et au-dessus	»	75	—

et en plus 4 fr. 50 pour chaque passage de pont.

Pour passer un navire de l'avant-port dans un bassin et l'amarrer, et réciproquement, le Pilote reçoit :

Jusqu'à 300 tonneaux, 30 francs, avec augmentation de 3 francs par 100 tonneaux ; maximum : 5.000 tonneaux.

Toutes les fois qu'un Capitaine ou Courtier vient réclamer un Pilote pour sortir un bâtiment, il est accordé le payement d'une indemnité de 30 francs, quand bien même le bâtiment ne sortirait pas. Il en est de même si le Capitaine, après avoir mis le signal convenu pour demander un pilote, et après avoir reçu celui-ci à son bord, se décide à ne point partir.

Imp. E, LARCHER, 28, rue Maréchal-Galieni, Le Havre.